CATALOGUE

DES

OUVRAGES IMPRIMÉS

DE LA

BIBLIOTHÈQUE MUNICIPALE

DE METZ

par

AIMÉ SCHUSTER

Conservateur de la Bibliothèque,
Professeur de physique et de chimie à l'École industrielle,
ex-professeur de physique aux Collèges de Lorient,
de Montbéliard, &c.

CINQUIÈME FASCICULE

METZ

IMPRIMERIE DE VERRONNAIS, RUE DES JARDINS, 11

1882

CATALOGUE

DES

OUVRAGES IMPRIMÉS

DE LA

BIBLIOTHÈQUE MUNICIPALE

DE METZ

par

AIMÉ SCHUSTER

Conservateur de la Bibliothèque,
Professeur de physique et de chimie à l'Ecole industrielle,
Ex-professeur de physique aux Collèges de Lorient,
de Montbéliard, &c.

CINQUIÈME FASCICULE

METZ

IMPRIMERIE DE VERRONNAIS, RUE DES JARDINS, 14

1882

TABLE DES MATIÈRES

Avis au relieur.

On devra enlever ces tables particulières à chaque fascicule et ne laisser qu'une table générale à la fin du volume.

Metz, imp. de Verronnais.

CATALOGUE

DES

OUVRAGES IMPRIMÉS RELATIFS A L'HISTOIRE DE METZ

ET DU PAYS MESSIN

SECTION V

Voies de Communication. — Chemins de fer, Routes impériales et départementales, — Voitures publiques, — Canaux, — Rivières, — Bateaux à vapeur.

874. Rapport fait au Conseil municipal de Nancy sur le tracé du chemin de fer de Paris à Strasbourg par M. Ch. Collignon.

Nancy, A. Paullet, 1841. Broch. in-8 de 67 pp.

875. Chemin de fer de Paris à Strasbourg — Lettre de M. Charles Collignon.. . en réponse à M. Ferdinand Kœchlin.... pour faire suite au rapport publié par le Conseil municipal de Nancy, sur le tracé du chemin de fer de Paris à Strasbourg.

Nancy, A. Paullet, Janvier 1842. In-8 de 39 pp.
Voir 891 et 895

22

876. Metz et le chemin de fer de Paris à Strasbourg, (signé: *Un Messin*).

Nancy, Grimblot, Raybois et Cie 1844. In-8 de 20 pp.

suivi de :

Metz et le chemin de fer de Paris à la frontière d'Allemagne. Nouvelles et dernières observations d'un Messin, (signé: *Ch. Collignon*).

Nancy, Grimblot, 1844. In-8. 12 pp.

877. Chemin de fer de Paris en Allemagne. Rapport de la commission d'enquête du dép. de la Moselle.

Metz, Imp. et lith. de Ch. Dieu, 1844. In-8 de 22 pp.

878. Chemin de fer de Paris à la frontière d'Allemagne. Ligne de Metz à Sarrebruck. — Avant-projet. — Mémoire de l'Ingénieur en chef des Ponts et Chaussées du département de la Moselle, signé *Le Joindre*).

Metz, Impr. de Ch. Dieu, (1844). Petit in-folio de 53 pp.

879. Observations de la chambre de commerce de Metz présentées à la commission départementale dans sa séance du 30 Mars 1844, sur les divers projets de chemin de fer de Paris à la frontière d'Allemagne soumis aux enquêtes dans le dép. de la Moselle.

Metz, Collignon, 1844. In-4° de 15 pp.

880. Rapport sur les projets de chemin de fer de Paris à la front. d'Allemagne présenté par une comm. du cons. mun. de Metz dans sa séance du 6 Avril 1844.

Metz, S. Lamort, s. d. In-8 de 32 pp.

881. Chemin de fer de Paris en Allemagne. Conclusions de la commission d'enquête du département de la Moselle.

Metz, Ch. Dieu, 1844. In-8 de 12 pp.

882. Chemin de fer de Paris à Strasbourg. — Loi sur la police du chemin de fer du 15 Juillet 1845.

Publication faite en vertu d'un arrêté préfectoral du 2 Juillet 1858 signé: *Saint-Marsault.*

Metz, Imp. Ch. Dieu et V. Maline. Br. in-4 de 58 pp.

883. Rapport de la commission nommée par le conseil municipal de la Ville de Toul dans sa séance du 7 Août 1846 pour examiner la question relative à l'emplacement qu'il conviendrait de donner à la station du chemin de fer de Paris à Strasbourg.

Toul, Imp. et libr. de Veuve Bastien, 1856. In-8 de 84 pp.

884. Compagnie du chemin de fer de Paris à Strasbourg avec embranchements sur Reims et sur Metz et la frontière de Prusse vers Saarbruck. — Assemblée générale du 7 Avril 1847. — Rapport présenté par le conseil d'administration de la Compagnie.

Paris, 1847. In-8 de 29 pp.

884 bis. Rapport présenté au conseil municipal de Metz sur le projet de débarcadère.

Metz, S. Lamort, 1847. In-4º de 26 pp.

884 ter. Rapport présenté au conseil municipal de Metz sur un projet de débarcadère, (12 et 15 Février 1847).

Metz, S. Lamort. s. d. In-8 de 16 pp. plan.

885. Chemin de fer de Metz à Sarrebruck ou fragments historiques et géologiques sur les lieux qu'il parcourt.

Vœu National du 5 septembre 1852.

886. Chemin de fer de Metz à Sarrebruck, (Inauguration du) par F. Blanc.

Courrier de la Moselle du 16 Novembre 1852.

887. Chemin de fer de Metz à Paris par Sarrebruck vers le centre et le nord de l'Allemagne (signé *Siméon Worms*).

Metz, 1852. In-8 de 6 pp.

888. Département de la Moselle. Chemin de fer du Nord et du Nord-Est de la France. — Avis de la commission d'enquête signé: *Ch. de Ladoucette* et *E. Sers*. Metz le 15 Octobre 1855.

Metz, Impr. Maline 1855. In-4 de 16 pp,

889. Chemin de fer du Nord-Est. Mémoire à l'appui.

Paris, Maulde et Renou, 1855, In-4° de 20 pp.

890. Chemin de fer de Metz à Reims par le Camp de Châlons. Du meilleur tracé entre Metz et Verdun par un anc. élève de l'Ecole polytechnique [*Tardif de Moidrey*]

> Versailles, Imp. Cerf. 1861. in-8 de 32 pp.
>
> suivi de :
>
> 1. Quelques questions à poser à MM. les Ingénieurs du Chemin de fer de Reims à Metz, lors des enquêtes sur l'adoption définitive du tracé (par le même)
>
> 1 feuille in-4°
>
> 2. Chemin de fer de Metz à Verdun par le Camp de Châlons. Réponse à l'Opuscule intitulé : Du meilleur tracé entre Metz et Verdun (signé: Etain, le 29 Janvier 1861, *E. Huvelin.*)
>
> Metz, Blanc, 1861. Br. in-8 de 14 pp.

891. Comité central du chemin de fer de Metz à Reims. — Mémoire adressé au Conseil général de la Moselle. (signé : *Lemercier - Moussaux, Maréchal*).

> Metz, Impr. V. Maline, 1861. In-8 de 11 pp.

892. Comité supérieur des chemins de fer de l'Est. — Séance du Vendredi 3 Mai. — Chemin de Reims à Metz. — Observations présentées par les délégués des départements en faveur de ce chemin.

> Metz. Maline, 1861. In-4 de 12 pp.
>
> suivi de :
>
> Observations de l'Ingénieur en chef des ponts et chaussées sur l'utilité d'un chemin de fer de Metz à Châlons et à Reims (signées *Le Joindre*).
>
> Metz, F. Blanc. In-4° de 2 pp.

893 Chemin de fer de Reims à Metz par le Camp de Châlons par le baron de Benoist, Député de la Meuse.

> Paris, Lahure. 1861. In-8 de 48 pp.

894. Mémoire à l'appui de la délibération du Conseil municipal de Nancy du 5 Décembre 1853, montrant la nécessité de maintenir pour le tracé du chemin de fer de Metz à Lyon (dit de Nancy à Gray), la vallée de la Moselle.

Nancy, Impr. de Nicolas. In-4 de 4 pp.

895. Département de la Meurthe — Procès-verbal des délibérations du Conseil général. — Session extraordinaire de 1841 (Voies de communication).

Nancy, Paullet. s. d. In-8 de 16 pp.

896. Conseil général du dép. de la Moselle. — Session extraord. du 22 Décembre 1841. — Chemins de fer. — Rapport de M. Germeau, préfet.

S. l. n. d. In-8. de 10 pp.

897. Chemin de fer. Extrait des délibérations du Conseil général du dép. de la Moselle. Session extraord. du 22 au 26 Décembre 1841.

Metz, Humbert, 1841. In-8. de 8 pp.

898. Conseil général du dép. de la Moselle. — Session extraord. de 1844. — Procès-verbaux des délibérations. (Voies de communication).

Metz, Ch. Dieu, 1844. In-8. de 14 pp.

899. Mémoire pour un chemin de fer de Nancy et Metz à Sarreguemines et Sarrebruck par Dieuze, Sarralbe, etc. avec embranchements sur Château-Salins, Sarrebourg et Sarre-union... signé *Benois Odiot* et Cie.

Paris, Impr. de Fain, 1838. In-4° de 42 pp.

900. Projet de chemin de fer de Metz à Sarrebruck — présenté par une Société de Négociants, de Banquiers et de Chefs d'industrie de Metz et de Sarrebruck, — dressé par MM. Eugène Flachat et Jules Petiet, ingénieurs civils.

Paris, Mathias, 1839. In-4° de 143 pp.

901. Mémoire présenté à l'effet d'obtenir la rectification aux abords de Bitche du tracé du chemin de fer — (*embranchement de Thionville à Niederbronn*) — et l'établissement de la gare à proximité des portes de la Ville. (Bitche, 18 juin 1866).

Cahier lithographié, s. l. n. d. 6 ff. in-4°.

902. Rapport sur l'influence pour les forêts de Bitche d'un chemin de fer reliant la station de Cocheren à celle de Haguenau, — [par *de Schwartz*, Inspecteur des forêts, — 22 février 1858].

Metz, F. Blanc, 1858. In-4° de 37 pp.

903. Observations et réclamations du Conseil municipal de Metz au sujet du tracé de Metz à Thionville aux abords de la première de ces deux villes, [signé *Jaunez*].

Metz, 1852. 7 pp. in-4°.

904. Préfecture de la Moselle. — Enquête sur le tracé du chemin de fer de Metz à Thionville. — Délibération du Conseil municipal de Metz et avis motivé de la Commission d'enquête [Octobre 1852].

Metz, Imp. Dieu et Maline, 1852. In-4° de 7 pp.

905. Conseil général de la Moselle. — Sessions de 1864, 1865 et 1866. — Chemin de fer d'intérêt local. — Rapports des Commissions.

Metz, Impr. de V. Maline, 1866. In-8. de 44 pp.

906. Chambre de Commerce de Metz — Nouveaux chemins de fer. — Rapport lu à la Chambre dans la séance du 10 septembre 1855 (*par E. Bouchotte*).

Metz, Impr. F. Blanc. In-8. de 12 pp,

907. Chambre de Commerce de Metz. Mémoire — et documents à l'appui — sur le projet de chemin de fer de Cocheren à Haguenau et au Rhin, par Sarreguemines et Niederbronn — et sur le projet de Canal des houillères.

Metz, F. Blanc, 1858. In-4 de 109 pp.

Suivi de :

Lettre au Membre du Conseil général soumettant des observ. sur la direct. du chemin de fer à construire pour relier entre elles les deux branches par lesquelles la ligne de Paris à Strasbourg atteint les frontières d'Allemagne. Mémoire non daté, lithographié, — signé : *Dornès, Garnier,* ....etc.

2 ff. in-4. lithogr.

908. Examen des Voies de communic. proposées pour compléter le chemin de fer de Lille à Strasbourg

et pour mettre le bassin houiller de Sarrebruck et de
la Moselle en communication directe avec l'Alsace, la
Meurthe et les V osges

Metz, Maline, 1859. In-4º de 38 pp.

909. Routes impériales et départ. du département de
la Moselle (Notes historiques sur les) — au 1ᵉʳ janvier
1856 — par L. B. de Sᵗ Martin, chef de bureau des ponts
et chaussées à Metz.

Metz, 1856. 1 vol. manuscrit de 198 pp.

910 Préfecture de la Moselle. Instructions adressées
à MM. les Sous-préfets, Maires, Adjoints, Ingénieurs et
Conducteurs des ponts et chaussées, etc. sur les ponts
et chaussées, la plantation des routes, l'entretien des
fossés, etc.

· Metz, C. M. B. Antoine, 1813. In-8. de 41 pp.

911. Renseignements sur le service des ponts et
chaussées en Prusse et dans les Pays-bas et considé-
rations diverses sur l'amélioration des chemins et des
routes de France.

Paris, chez Carilian-Gœury; Metz, Mme Vve Thiel, 1829. In-8.
de 64 pp.

912. Mémoire sur les causes de la dégradation des
routes et sur les moyens de les réparer sans emprunt...
par R. Pilicier, commissionnaire de roulage à Metz.

Metz, J. Verronnais, 1829. Br. In-8. de 48 pp.

913. Extrait des Mémoires de l'Académie de Metz. Rapport sur un ouvrage de M. Lemoyne, ingénieur des ponts et chaussées, relatif à l'entretien des routes en empierrement par M. Le Joindre, Ing. des ponts et chaussées.

Metz, S. Lamort, 1832. In-8. de 57 pp.

914. Réponses au Mémoire publié par M. le Préfet de la Moselle pour le tracé sur la rive gauche de la Nied et les limites du départ. de la Moselle de la nouvelle route de Metz à Baronville ou Landroff (signé *Belot*, Metz, octobre 1852.)

Metz, Lamort, in-4° de 51 pp.

Suivi de:

Enquête sur la fixation de la Direction de la route départementale n° 9 de Metz à Baronville (*Le Joindre*).
Dosquet, In-4° de 36 pp.

915. Extrait des notes historiques sur les routes impériales et départ. de la Moselle au 1er janvier 1856 par M. de Saint-Martin chef de bureau des ponts et chaussées à Metz.

Metz, F. Blanc; 1857. In-8. de 48 pp.

916. Direction générale des ponts et chaussées.... Circulaire aux préfets relative à l'entretien des routes signée : Le Conseiller d'Etat, Directeur général des ponts et chaussées et des Mines, *Legrand* (25 avril 1839.)

Metz, Impr. de Mme Ch. Dosquet. In-4° de 14 pp.

917. Notice historique sur les voitures publiques de Metz à Paris, par P. de Mardigny.

Metz. Rousseau-Pallez, 1853.

Broch. In-8. de 24 pp. (Extrait de la revue d'Austrasie.)

918. Mémoires concernant la navigation des rivières de la province des Trois-évêchés et le Commerce de la ville de Metz, lus dans l'Assemblée publique de la Société Royale des Sciences et des Arts de Metz, tenue le 18 novembre 1772.

A Metz, chez Pierre Marchal M. DCC LXXIII. 1 vol. in-4⁰ avec 4 planches.

Suivi de:

Observations sur la libre navigation de la Moselle et du Rhin, présentées au Directoire du District de Metz et du département de la Moselle, par les Membres du Conseil général de la Commune de Metz et par les Citoyens correspondants du Bureau de Commerce.

Metz, Antoine. imprimeur [An III] Broch. in-4⁰ de 22 pp.

919. Mémoire sur les avantages de la navigation des canaux et rivières qui traversent les départements de la Meurthe, des Vosges, de la Meuse et de la Moselle.... par le citoyen Lecreulx, Ingénieur en chef des ponts et chaussées.

A Nancy, chez P. Barbier. An III de la Rép. F. (1794-95). In-4⁰ de 113 pp. avec 3 planches.

920. Mémoire sur la navigation de la Moselle par MM. Le Masson, Ing. en chef et Le Joindre, Ingénieur ordinaire des ponts et chaussées.

Metz, Lamort, 1835. In-8. de 122 pp.

921. Plan proposé pour le passage de la navigation dans l'intérieur de la ville de Metz à l'échelle de un demi-millimètre par mètre — avec explication par P.-C. Grosser. — Supplément.

Metz, Impr. de Ch, Thomas, 1870. In-4° de 4 pp avec plan.

922. Avis. Navigation de la Moselle. Deux pages signées : Metz, 20 juin 1809, *Marchant,* maire.

Metz, chez Lamort, 1809. 2 pp. in-8.

923. Rivière de Moselle. Construction de trois ponts sur la Moselle en remplacement de bacs : 1° entre Ars et Jouy ; 2° entre Hagondange et Ay ; 3° entre Cattenom et Kœnigsmacher ; — Avant-projet dressé par M. Raillard.... Mémoire à l'appui. Juillet 1860.

Metz, Imprimerie de V. Maline. In-4° de 15 pp.

924. Recueil contenant :

1° Note remise à M. le Ministre Secrétaire d'Etat des travaux publics le 9 Avril 1844 au sujet des canaux et des chemins de fer projetés dans l'Est de la France (par M. Ardant),

Imprim. Panckoucke, in-8. de 19 pp.

2° Chemin de fer de Paris à Strasbourg. Résumé de la discussion qui a eu lieu dans le 3ᵉ bureau de la Chambre des députés.

Metz, S. Lamort 8 pp. in-8.

3ᵉ Discours prononcé par M. le Général Paixhans, député de la Moselle, dans la discussion sur le projet de loi sur le chemin de fer de Strasbourg, 29 juin 1844.

Imp. Panckoucke, in-8. de 15 pp.

4° Discours prononcé par M. le Marquis de Pange, pair de France, dans la discussion du projet de loi relatif au chemin de fer de Paris à Strasbourg (Séance du 27 juillet 1844).

S. l. n. d., 11 pp. In-8

925. Observations sur le Canal projeté des houillères allemandes. Décembre 1859.

Metz, Nouvian, 1859. 6 pp. in-4º.

926. Chambre de Commerce de Metz. — Question des houilles et de l'affermage des Canaux.

Metz, Lamort, 1851. In-4 de 8 pp.

927. Mémoire sur la nécessité et l'urgence du canal des houillères de la Sarre pour les départements de l'Est (signé *J. A. Schlumberger, Jean Dollfus, N. Schlumberger, C. Kestner, G. Steinbach, X. Jourdain, Rochat* rapporteur.)

Mulhouse, P. Baret, 1857. In-8 de 21 pp.

928. Observations des compagnies houillères de la Moselle sur le projet de construction du canal de la Sarre (signé E. et J. Pereire, E. Jacquet, Rendu, M Pougnet, Gardeil, Bertrand, Meaume) — Mai 1859.

Metz, Imp. F, Blanc, 1859. In-4 de 6 pp.

929 Canal latéral de la Moselle supérieure entre Frouard et Metz. — Proposition faite à la chambre de commerce de Metz par M. Collignon. — Juin.

Metz, Imp. Collignon, 1843. In-4 de 18 pp. carte gravée.

930. Extrait de l'Impartial de la Meurthe et des Vosges du Jeudi 7 Décembre 1843. — Lettre de M. Ch. Collignon sur le tracé du canal de la Marne au Rhin.

Nancy, Henzelin, 1843. In-8. 8 pp.

931. Canal royal de jonction du Rhin à la Seine, — de Strasbourg à Paris — avec plusieurs embranchements à effectuer à ce canal. — Rivières de 2e et 3e ordre à rendre navigables en Alsace, dans les Vosges, en Lorraine, dans le Barrois, les Trois-Évêchés et la Champagne, par un système de petite navigation, — d'après les projets fournis par Robin de Betting, Ingénieur de 1re classe..... . Année 1824.

Nancy, C. J. Hissette, 1824. In-4 de 42 pp.

932. Rapport sur les projets de jonction de la Saône à la Marne, à la Meuse, à la Moselle. — (signé: Metz, le 11 Juillet 1840, *Le Monnier, Bompard, Emile Bouchotte* rapporteur)

Metz, S. Lamort, s. d. In-4 de 13 pp.

933. Mémoire sur le canal de jonction de la Saône à la Moselle, de Châlons à Toul, Rédigé par un Ingénieur des ponts et chaussées.

Paris, chez Carilian-Gœury, 1828. In-8 de 74 pp.

934. Procès-verbal de l'assemblée tenue à Epinal, le 26 Mai 1839, par les principaux négociants, industriels et agriculteurs des bassins de la Moselle et de la Saône supérieure .... à l'effet de solliciter la jonction de la Moselle à la Saône.

In-4 de 14 pp.

935. Le bateau à vapeur le Stanislas de Nancy à Metz, par Napoléon Henry (d'Arnaville,) médecin.

Metz, Impr. Collignon 1841. Br. in-8 de 51 pp.

936.. Les bateaux à vapeur inexplosibles de la Moselle et une délibération de la chambre de commerce de Metz. — (signé : *Dorr fils* banquier,)

    Metz, typ. de Dembour et Gangel, 1843. In-4 de 9 pp.

Cartes et Plans.

937. Description du pays Messin et de ses confins touchant du costé de Lorient à l'Allemaigne du costé du Midy et d'Occident à la Lorraine et Barrois... etc... de l'indvstrie de M. Ab. Fabert lvn des Magistrats dv liev.

    I. Le Clerc excudit cum Privilegio regis, 1617.

938. Territorium Metense. — Auctore Ab. Fabert Consule urbis Metensis — Le païs Messin.

    Amsterdami Apud Guiljelmum et Johannem Blacuw.

    Echelle 1 : 120 000 environ.

939. Nova territorii metensis descriptio — Autore-Abrahamo Fabert, Consule Urbis Metensis.

    Amstelodami, Excusum Apudlodocum et Henricum Houduim fratres.

    Echelle 1 : 120 000 environ

940. Mediomatrici : Archidiaconés de Metz, de Vic et de Marsal. dans l'Evesché de Metz.... etc....

    Par N. Sanson d'Abbeville, Géog. Ord^{re} du Roy, 1656.

941. Description du pays Messin et de ses confins despendances et Terres adjacentes.

    Par Jean Brioys Ingénieur-Géographe ordinaire du Roy.

942. Carte de Cassini; — Metz et pays messin. —

Echelle de 10 li pr 1000 toises.

943. Carte particulière (mss.)* de grande partie du pays Messin avec les limittes (*sic*) qui la séparent du pays circonvoisins (*sic*) — Levéc les années 1702, 1703 et 1704 — par Jean-Baptiste Molina. — Mise au net en 1729.

Echelle de 2 pouces 6 lignes pour 1000 toises.

944. Le Diocèse de Metz, dans la partie septentrionale du duché de Lorraine. — Avec partie des diocèses et districts adjacents. — Dressé et Assujettie (*sic*) aux observat. de Messieurs de l'Acad. des Sciences et sur les mémoires de M. Didier Bugnon Premier ingénieur et pr. géogr. de S. A. R. en 1724 et 1725.

Echelle 1 : 48 000 environ.

945. Fac Simile d'une carte de la Lorraine de 1513 par Lud. Benoit (Secunde partis Ptolemæi finis : opera Joannis Schotti Argentinen. Anno Christi Opt. Max. 1513). Autog. L. Christophe Nancy,

946. Les Duchés de Lorraine et de Bar. Les Evêchés de Metz, Toul et Verdun — Dédiés à Mgr. le comte de Maurepas — Par..... Le Rouge ing. géographe du Roy.

*) Nota. — Nous n'avons pas cru devoir séparer, dans cette nómenclature les cartes manuscrites des cartes gravées, imprimées ou lithographiées.

947. Portrait de la ville et cité de Metz. — La ville de Metz renommée entre celles de l'Europe non seulement pour son antiquité et grandeur, mais pour sa probité et candeur de ses citoyens et pour l'escole célèbre de la milice qui s'y exerce. — De l'industrie et labeur de M. Abr. Fabert l'un des Magistrats d'icelle.(*)

Echelle: 1 : 4500 environ — Geoffroy de Langres p.

948. Plan (impr.) de Metz (de 1655).

On y voit trois bastions au midi, couvrant la vieille enceinte depuis la tour Commoffle jusqu'à la Seille. — Légende donnant les noms de 48 édifices religieux.

949. Réduction du plan de Fabert.

Se trouve dans l'ouv. intitulé : « Plans et profils des princip. villes de la France par Tassin, géographe ordin. de Sa Majesté, 2 vol. in-4. Paris, 1736 »

950. Le portrait de la ville de Metz — avec la déclaration de beaucoup d'édifices.

Lith. par Nouvian à Metz.
Légende des portes, des édifices religieux et des divers camps de l'armée de Charles Quint. — C'est la reproduction d'un vieux plan du Siège de 1552 qui se trouve dans la cosmographie universelle de Sébastien Munster, page 94 et 95 du Tome I.

951. Povrtrait de l'ancienne royalle (*sic*) et impérialle (*sic*) ville de Metz — cappitalle (*sic*) du pays messin (Plan impr.)

(*) Le Musée de Metz possède aussi un tableau à l'huile représentant le plan de cette ville. — Il a le même titre que le No. 947, -- Les dimensions de la toile sont 1,50 sur 1,90.

952. Le vrai pourtrait de la ville de Metz —

Légende de 50 numéros donnant les noms de portes, de monuments civils et religieux... etc. (Plan imprimé).

953. Accurata representatio ichnographica urbis episcopalis in ducatu Lotharingiœ, dictæ Metœ, antiquis Divodurum Mediomatricorum... · etc..... . Dessiné par F. W. Zollman lieut. des Ingén. — édité par Homann. 1738.

Echelle de 1 pouce pour 100 toises.

954. Mets. — Plan (détaché) de l'ouvrage intitulé : Principales villes de l'Univers par G eorges Bruin, ·· 1574. (*)

954bis. Metz. — Eine Reichs - Stadt in Lothringen, welche aber dem Römischen Reich von denen Franzosen entrissen worden.

G. Bodenehr fec: et exc.

Échelle de 88: 100 000 environ. — C'est la réduction du plan portant le N° 948.

(*) On pourra consulter aussi les documents suivants ;
I. Croquis des deux premières enceintes de la place de Metz, — Inséré dans un mémoire historique sur la place de Metz par le Colonel du génie Parnajon, — page 212 du volume du congrès archéologique de France, — séances tenues à Metz en 1846.
II. Enceinte de Metz avec tours, lors du siège de 1444, — plan dressé par MM. de Saulcy et Huguenin aîné.
III. Plan de la cité de Metz, 1465-1512, à la fin du journal de Jehan Aubrion, par Lorédan Larchey — lithog. par Etienne — Ce plan ne contient que les noms des lieux cités par Aubrion. Les *Ostels* sont indiqués approximativement. Sur la même feuille se trouve un petit plan des environs de la cité.

955. Le plant *(sic)* de la ville de Metz, selon sa vraye proportion.

(Se trouve à la fin de l'ouvrage de Salignac : « le siège de Mets en l'an M. D. L. II. publié chez Charles Estienne à Paris, en 1553»)

956. Plan (imp.) de Metz assiégé par Charles-Quint.

Metz, Collignon, 1665, gravé par Sébastien Le Clerc.

957. Plan (impr.) de la ville de Metz *(postérieur à la construction de l'ouvrage à cornes de la citadelle)* —

Ce plan de petites dimensions 152mm sur 105mm est accompagné d'une légende dite » Table de plan» donnant 19 indications relatives aux portes, bastions et allant de la lettre A. à la lettre S.

958. Plan de la ville de Metz — gravé par Desloges Duvernet.

Sur ce plan sont figurés la Citadelle et l'ouvrage à cornes, — mais les doubles couronnes de Belle-Croix et de Moselle n'y sont point encore. — Légende de 193 numéros.

Echelle 1 po. 4 li. pour 200 toises.

La légende se termine par cette indication: 193 Isle de Chambière à l'extrémité de laquelle est l'hospital des Troupes Cornaugelines.

959. Plan (impr,) relevé et très-exact de la ville de Metz. — Dédié à M. de Brissan Chevallier *(sic)* conseiller du Roy, Maire et Maître-échevin perpétuel de la ditte *(sic)* ville — Par son très-humble et très-obéissant serviteur Molina, 1696 — avec «Table des Eglises et des Parroisses *(sic)* »

Echelle 1: 4500 environ.

960. Plan *(manuscrit)* — avec la citadelle et la vieille enceinte de tours — Ce plan représente Metz avant la construction des fortifications modernes et des bâtiments de la place de la Comédie.

Echelle de 1 4500 environ.

961. Plan *(manuscrit)* de Metz à l'échelle de 8 lignes pour 100 toises —

Indication de nombreux ouvrages de fortification non exécutés. XVIIIe siècle.

962 Plan (mss.) de Metz avec ses projets, — 1745.

Se trouvent indiqués beaucoup d'ouvrages de fortifications qui n'ont pas été exécutés.

Echelle de 18 lignes pour 100 toises.

963. Plan (manuscrit) des villes *(sic)* et citadelle de Metz pour servir aux projets de 1774.

Echelle de 14 lig. pour 100 toises.
Signé Gouvion l'aîné. — Légende très-détaillée.

964. Plan *(gravé)* de Metz et de ses environs orné de ses nouveaux Batiments — avec vues du Fort, de la ville-neuve, des portes et principaux monuments. 1774 à 1777.

965. Plan *(manuscrit)* de Metz en 1778 — à l'échelle de 18 lignes pour 100 toises. — Légende très-développée.

966. Plan *(gravé)* de la ville de Metz — avec tous les changements faits jusqu'à présent — par M. de Rotzamar, ingénieur, — 1780.

967. Plan (manuscrit) de l'intérieur de la ville de Metz — fin du XVIII siècle, (*vers* 1780).

968. Nouveau plan (gravé) de la ville de Metz — avec tous les changements et augmentations faites jusqu'en 1784 par M. De ... ingénieur géographe.

Echelle 1: 5000 environ.

A Paris, chez Dezauche Geogr. [Bien supérieur aux précédents, légende complète des établiss. civils et religieux. — Note de M. Goulier. dans la statistique de M. de Chastellux],

969. Plan (manuscrit) de la ville de Metz par Pierre Maillet — 1806.

Echelle de 1: 5000 environ. La citadelle y figure encore intégralement.

970. Plan de la ville de Metz, — en l'an 1811, — avec une Notice sur la ville.

Imprimé chez Verronnais.

971. Plan (manuscrit) de Metz sans les fortifications. — XIXe siècle.

972. Quatre portions de plans (mss) de l'intérieur de la ville.-XIXe siècle.

973. Plan de Metz avec tous les établissements publics et particuliers renfermés dans l'enceinte des fortifications. — Dressé et dessiné par Messieurs G . et R.. 1827.

Lithogr, de Dupuy et Tavernier.
Echelle de 1: 4000.

974. Plan de Metz — avec l'indication des Etablissements publics renfermés dans l'enceinte des fortifications — 1834.

Lithographie de Verronnais.
Echelle de 2: 10000.

975. Plan de la ville de Metz.

Echelle de 1 : 7000 — Ancienne maison Tavernier.
Lithographie de Dembour graveur.

976. Nouveau plan de la ville de Metz, avec tous les changements et augmentations faites jusqu'en 1858 par M. De.... Ingénieur Géographe.

Chez Fietta frères éditeurs. — Impr. de Mangeou à Paris. —
Echelle de 1: 5000 environ.

977. Plan de Metz, s. l. n. d.

Metz, Verronnais (1870.) Ce plan est un tirage à part de celui qui est sur la carte de la Moselle indiquée au N° 1007.

978. Metz en 1870 — dressé par Steff, — gravé par Nouvian, — Edité par E. Lorette.

Echelle de 3 millimètres pour 50 mètres.

979. Plan de Metz par Hédin, géomètre.

Impr. Meunier, 1870.
Echelle de 1: 7200. environ.

980. Plan de Metz.

Echelle de 1: 2000 — Lithographie de Verronnais.

981. Plan de Metz à l'échelle de 1:2000 — (*Réduction du grd. plan de M. Maurice géomètre de 1ʳᵉ classe* *du cadastre.*) — D'après les renseignements fournis par M. l'Architecte de la ville.

Metz, Verronnais 1878. — Sont indiqués le plan de chaque maison, le numéro, les cours et jardins contigus.

982. Plan (manuscrit) de la citadelle de Metz en 1747.
Echelle de 9 pouces pour 100 toises.

983. Metz, 1771. — Plan (manuscrit) de la double couronne de Belle-Croix avec les galleries de contre-mines et les retranchements proposés relatifs au Mémoire remis à M. le comte du Muy.
Echelle de 3 pouces 6 lignes pour 100 toises.

984. Ville de Metz — Plan (lithographié) de la place Friedland et de ses environs. — par Domer Architecte.
Echelle de 0.02 pour 10 mètres.

985. Plans (mss), coupes et élévations de la Maison de la Haute-Pierre, — ci-devant Hôtel du Gouvernement, aujourd'hui le palais de Justice, — signés: *Clerisseau* et *Blancheville*.

986. Recueil factice de plans (mss) de quelques monastères, églises, abbayes et autres maisons religieuses existant à Metz au XVIIIe siècle.
Ces plans sont réunis dans un grand Atlas, avec un certain nombre de cartes et de plans de localités étrangères.(*)

(*) Nota. Aux Archives municipales se trouvent deux plans de Metz à grande échelle: 1° Un plan exécuté vers 1738 en deux feuilles. Il est à l'échelle de 1 : 431,25 ou de 23 : 10000 environ : — 2° Plan exécuté par M. Maurice géomètre du Cadastre. Ce plan comprend 40 feuilles, les unes à l'échelle de 1: 1000, les autres à l'échelle de 2 : 1000.

987. Plan de l'attaque du Polygone d'artillerie à Metz en 1730. (Plan mss.)

988. Carte pour servir à l'intelligence des opérations du corps de la Moselle sous les ordres de son Altesse royale Mgr le duc de Nemours. — Août 1844. — Echelle 1 : 320,0 0. — Lithogr. d'après les feuilles de la nouvelle carte de France.

Impr. chez Kœppelin à Paris.

989. Théâtre des opérations du Corps de la Moselle sous les ordres de son Altesse royale Monseigneur le Duc de Nemours. — Août 1844.

Echelle de 1 : 20.000.

990. Environs de Metz. — (Carte gravée).

Echelle de 0,05 pour 1000 mètres ou de 1:20,000.

991. Environs de Metz. — Plan du blocus de Metz, — dessiné par Hédin géographe.

Lithogr. A. Béha, à Metz.
Echelle de 1: 50 000.

992. Environs de Metz. — Bataille de Borny (14 Août 1870) d'après Ch. Abel et Hédin.

Metz, lithogr. Meunier. — Relation sommaire autographiée de la bataille.
Echelle de 1: 50,000.

993. Environs de Metz. — Plan de la bataille de Borny, (14 Août 1870) par Hédin géographe. —

Lith. Portenseigne Metz.
Echelle de 1: 50,000.

994. Environs de Metz. — Bataille de Rezonville (16 Août 1870) — d'après Ch. Abel et Hédin.

Metz, lithogr. Meunier.

Echelle de 1: 50,000.

995. Environs de Metz. — Bataille de Gravelotte (18 Août 1870) — d'après Ch. Abel et Hédin —

Metz, lithogr. Meunier.

Echelle 1 : 50.000.

996. Environs de Metz, - Plans des 3 batailles — Borny, Colombey, Rezonville, Mars-la-Tour, Gravelotte, St.-Privat — par Hédin, géographe.

Lith. A. Béha, à Metz.

Echelle de 1: 50000.

997. Environs de Metz : — Tombes et monuments funèbres élevés sur les champs de bataille.... Dress. par Hédin, géographe —

Lith. A. Béha, à Metz.

Echelle 1: 50000.

998 Théâtre de la guerre aux environs de Metz, Thionville, Bricy, —1870,— par Hédin, géomètre.

Lithog. Munier, 3e édition.

999. Environs de Metz — Nouvelles frontières, par Hédin, géomètre

Metz, Lithogr. Munier. — Echelle 1: 50000

1000. Jaillot, — Atlas de 6 cartes de la Lorraine comprenant :

1° le Verdunois.....

2° le Pays-Messin, le temporel de l'Evesché de Metz.

3° le Toulois ....

4° Partie méridionale du temporel de l'Eyesché de Metz......

5° Partie du Balliage de Vosge *(sic)* ou de Mirecour *(sic)*......

6° Les prévotez, Offices, Senechaussée *(sic)* et Comte *(sic)* qui font partie des balliages de Vosge *(sic)* ou de Mirecour *(sic)* et de Nancy..... etc.

Paris, 1743,-1744, chez l'auteur. Atlas in-f°:

1001. Département de la Mozelle *(sic)*. — District de Metz — 1793. — Carte imprimée.

Echelle de 2 pouces 4 lignes pour 3600 toises.

1002. Carte (mss) du dép. de la Moselle. — avec Récapitulation — (Ce plan doit être de 1793 environ.)

1003. Département de la Moselle divisé en neuf districts, augmenté d'une partie des départements voisins et des pays étrangers limitrophes, par Jean Miroménil dessinateur des ponts et chaussées. Gravé par Weiss à Strasbourg.

Echelle de 3 p. 3 l. pour 10 000 toises.

1004. Carte impr. du département de la Moselle dédiée à M. Colchen Préfet.... par Verronnais.

Impr. à Metz, An XIII. (1805.)

Echelle de 1 pouce pour 5000 toises ...... Michaud seul.

1005. Département de la Moselle divisé en 4 arrond. et en 27 cantons compren. 601 communes — par J. Miromesnil, dess. des ponts et chaussées — Revue corrigée et augmentée des nouvelles routes — 1836.

> Fietta frères, éditeurs.
> Echelle de 3 pouces 4 lignes pour 10 000 toises (carte impr.)

1006. Département de la Moselle — Extrait de la carte topographique de la France levée par les Officiers d'État-major et gravé au dépôt général de la guerre sous la direction du lieutenant général Pelet. — Paris 1838.

> Echelle de 1; 80 000.

1007. Carte du département de la Moselle — Lith. de J. Verronnais.

> Echelle de 1: 240 000 — Un plan de Metz est figuré à l'angle supérieur de droite. — Voyez le No 977.

1008. Département de la Moselle — Extrait de l'Atlas national illustré — par V. Levasseur Ingén. — La lettre gravée par Gresel et Barthélomier.

> Echelle de 0,034 pour 20 Kilomètres.

1009. Carte topog. impr. du départ. de la Moselle à l'échelle de 1: 160 000 .... par L. B. de St-Martin 1844.

1010. Carte du département de la Moselle, 1855 — gravée par Michaud — H. Lorette éditeur.

> Echelle de 3 po. 5 lig. p. 20 000 toises.

1011. Carte synoptique des voies de communication du départ. de la Moselle.

Lithog. de J. Verronnais à Metz. Echelle de 1: 160 000,

Cette carte a été faite en 1863.

1012. Carte (imprimée) du département de la Moselle donnant l'état de l'instruction par canton d'après le nombre des conscrits qui ne savent ni lire ni écrire.... dressée par M. Vacca, Président du cercle Messin de la Ligue de l'Enseignement.

Echelle 1: 240 000. — 1867.

1013. Croquis (lith.) des environs de Metz et de Thionville au 1: 80 000 par E. Mussot, dessinateur à l'Ecole d'Application — Octobre 1870.

1014. Environs de Metz à l'échelle de 1: 80 000, dressée d'après la Carte de l'état-major, mise à jour et complétée par L. Steff, dessinateur à l'école d'application.

Impr. et lith. de G. Severeyns à Bruxelles.

1015. Plan (manuscrit) de la ferme de Fleury appartenant à l'hôpital St. Nicolas.

1016. Plan (manuscrit) des terres appartenant au roy (en 1775) situées entre la Seille et la Moselle, levé par les Ordres de Monseigneur l'Intendant.

Echelle de 4 po. 6 lig. pour 100 toises.

1017. Plan (mss.) du Châtel Saint-Blaise.

Echelle de 1: 1000.

1018. Reconnaissance à vue faite aux environs de Metz en 1809, — par Joseph-Odille Barbier. sous-lieutenant élève d'artillerie (depuis général). Plan mss.

1019. Atlas géographique, statistique et historique du département de la Moselle par L. B. de St-Martin chef de bureau des Ponts et chaussées........
Metz, Lithogr, de Etienne.

1020. Atlas géographique, météorolog. géologique et minéralogique de la Statistique de M. de Chastellux.
Metz, lithogr. Etienne, 1854.

1021. Topographische Karte der Umgegend von Metz — 1875. — Nach den neuesten Quellen entworfen u. gezeichnet von J. Algermissen. Metz.

1022. Carte (mss) du premier arrondissement de la Moselle.

1023. Carte de l'arrondiss. de Metz — dessinée à la lithog. de Verronnais, — 1840.
Echelle de 1: 100 000.

1023bis. Das Reichsland Lothringen — Am 1. Febr. des Jahres 1766, und sein Nachbargebiet im Westen und Süden. — Entworfen von Prof. Dr. M. Kirchner in Duisburg. — Die topographische Grundlage nach der französischen Generalstabskarte in 1: 320 000, die bezüglichen Gemarkungen nach derselben in 1: 80 000.
Massstab 1 : 320 000.
Geograph. Anstalt v. Wagner & Debes, Leipzig — Commissions-Verlag von K. J. Trübner in Strassburg, 1882.   Schrift lithog. . G. Busch.

1024. Die neue Grenze zwischen Deutschland und Frankreich — nach den Friedens-Präliminarien von Versailles, · 26. Februar 1871 — Auf C. Vogel's Karte von A. Petermann. — Maassstab = 1: 925 000 d. nat. Länge — Gotha, Justus Perthes, 1871.

Druck von C. Hellfarth in Gotha.

1025. Elsass und Lothringen als deutsches Reichsland — seit dem 26. Februar 1871.

Echelle 1: 666,666 (3: 2, 000 000) Berlin, Verlag von Dietrich Reimer, 1871.

1026. Handkarte von Elsass und Lothringen als deutsches Reichsland , mit der Grenzeintheilung der Regierungsbezirke und Kreise — Redigirt von Heinrich Kiepert.

Berlin: Verlag von Dietrich Reimer.

1027. ‹Historische Karte von Elsass und Lothringen... Von Richard Bœckh und Heinrich Kiepert.

Lith. von C. Ohmann — Druck von F. Barth. — Berlin, Verlag von Dietrich Reimer, 1871.

Maassstab 1: 666 666.

1028. Spezial-Karte der Reichslande Elsass-Lothringen nach amtlichen Quellen bearbeitet — von Joh. Ludw. Algermissen. — Deux feuilles.

Metz, 1880, Verlag der Deutschen Buchhandlung (Georg Lang) — 3te nach der Generalstabskarte von 1879 verbesserte Auflage. — Maassstab 1: 200 000.

1029. Karte von Elsass - Lothringen als besonderer Abdruck aus der Karte von Mittel-Europa — von W. Liebenow. — 3te Auflage.

Maassstab 1: 300 000.
Verlag von Herm. Oppermann in Hannover.

1030 Deux cartes des routes conduisant au Rhin.

— Lith. l'une p. Munier, l'autre p. Hédin, 1870, Editées par Ch. Abel d'après Reyman.

1031. Deux cartes photog. du pays compris entre la Moselle et le Rhin d'après des Orig. allemands --

Editées par Ch. Abel.

1032. Carte de Rémilly dressée par Denise, géomètre à Metz — 1858. — (Plan lithographié.)

Echelle de 1: 5000.

1033. Plan (manuscrit) de Faulquemont.

1034. Plan de Thionville intra muros — d'après le dessin de A. L. Reignier — G. F. Teissier Sous-Préfet, — Warel de Beauvoir, Maire.

Echelle de 0.00025 pour 1 mètre.
Lith. de Dupuy à Metz.

1035. Carte impr. de l'arrond. de Thionville, Moselle. — 1852. Dessinée à la lithographie de Verronnais. —

Echelle de 1: 100 000

1036. Département de la Moselle. — Arrond. de Thionville. — Plan du territ. de la mairie de Florange et ses annexes . . . . Juillet 1831, par Reignier. —

Echelle de 1: 20 000. (Plan mss.)

1037. Plan (imprimé) de la ville de Thionville au duché de Luxembourg assiégée par l'armée du Roy commandée par Mons. le duc d'Anguin *(sic)* rendue à l'Obéissance de sa majesté le 10 d'Aoust ensuiuant 1643 —

(Avec carte du Gouvernement de Thionville à l'angle inférieur de gauche.)

1038. Plan (manuscrit) de Thionville en 1766.

Echelle de 2 pouces pour 100 toises.

1039. Place de Thionville — Armement de sûreté, arrêté le 18 juin 1867. — Désignation des bouches à feu. — Fait sous la direction du chef d'escadron, commandant l'artillerie de l'arrondissement A. Vignotti.

1 plan (mss.) sur toile.

1040. Plan (manuscrit) de Briey, dép. de la Moselle — 1830 —

Par Giard — Echelle de 1 : 5 000

1041. Plan (imprimé) de la Ville et Château de Sierck en Lorraine — Assiégé *(sic)* et prise par l'Armée du Roy commandée par Monseig. le duc *d'Anguien (sic)* général des armées du Roy en Flandre et Luxembourg le 3 septem. 1643 — avec carte du Gouvernement de Sierck — par le S^r. de Beaulieu Ingén. du Roy.

1042. Longwy ville forte du duché de Bar dans le Bailliage de St. Michel......

A Paris, chez le S^r. de Fer dans l'Isle du Palais....

Echelle de 16 li. pour 30 toises.

1043. Plan (manuscrit) de Bitche et de ses environs pour servir aux projets de 1789 à 1790.

1044. Carte (mss.) du Comté de Bitche levé en 1749 par les ordres de M. de Bombelles lieutenant général des armées du Roy.. .. etc. — Descripsit Jacquet capit. aide-major de la ville de Bitche 1749.

Echelle de 5 po. 1 li. pour 1000 toises.

1045. Carte (mss.) très-particulière du Pays de Hondsruch (*sic*) avec le duché des Deux-Ponts, partie du Palatinat et du comté de Bitsche (*sic*).... par les S^{rs}. Naudin, père et fils, et Denis ingénieurs ordinaires du Roy en 1736 et 1737.....

Echelle de 6 po. et 1 lig. pour 2400 toises (très-grandes dimensions du cadre).

1046. Carte (mss) des environs de Longwy, Montmédy Mouzon, Stenay et Damvillers avec partie de la Meuse (par les Srs Naudin?)

Echelle de 5 pouces 10 lignes pour 2400 toises.

1047. Carte (mss) très particulière du Pays compris entre les Villes de Sierques (*sic*) Remich, Trèves, Berncastel, Traerbach... Levée avec soin sur les lieux, par les Sieurs Naudin et Denis ingénieurs ordinaires du Roy. dessignée (*sic*) et écrite par le sieur Naudin le fils, — Fait à Versailles le huitième jour d'Avril 1737.

Echelle de 6 pouces pour 2400 toises. — collée sur toile.

1048. Carte du cours de la Moselle depuis la Ville de Metz jusqu'à celle de Coblentz.... par M. Le Brun... gravée par Chalmandrier avec frontispice gravé par Louis Le Grand. — 3 feuilles.

1049. Carte du cours de la Moselle et de la Meurthe depuis Metz jusqu'à Nancy — par M. Le Brun, directeur de la Société royale de Metz en 1772 — gravée par M. Chalmandrier. 1 feuille.

Echelle de 6 po. 6 li. pour 8000 toises.

1050. Carte (gr.) du cours de la Moselle et de la Sarre depuis les villes de Metz et Sarguemines *(sic)* jusqu'à leur embouchure respective — vérifiée en 1784, — sous les yeux de Monsieur de Pont, Intendant des Trois-Évêchés — Par M. Plonguer, Inspecteur des Ponts et Chaussées et membre de la société r^{le}. de Metz — et gravée par L. A. Dupuis.

Echelle de 4 pouces et 8 lignes pour 10 000 toises. Dessinée par Le Barbier l'Aîné peintre du Roi et gravée par Choffard en 1787. Carte collée sur toile.

1051. Carte du cours de la Moselle compris entre Nancy et Coblentz..... par H. Filtz, cond^r. des ponts et chaussées, gravée sur pierre par Dembour.

Metz, Gerson-Lévy, 1840.

1052. Mosellœ fluminis tabula specialis in qua Archie-piscopatus et Electoratus Trevirensis in suas Prœfec-turas accurate divisus est et Eyfaliœ tractus ostenditur.

Sumtibus Ioh Baptistæ Hommani Norihergæ.

1053. Les courans des rivières de Meuse, de Mozel *(sic)* et de la Sar *(sic)* où se trouvent le Luxembourg et l'Archevéché de Trèves, partie de Limbourg, du Palatinat, du Duché des Deux Ponts, de la Lorraine du pays Maissain *(sic)* etc. Dressé par J. B. Nolin, Geografe *(sic)* ord. du Roy ... 1742.

Echelle de 4 lig. pour une petite lieue de France.

1054. Carte du chemin de fer de Nancy à Metz et à Sarrebruck dressée sur les dessins et avec l'autorisation de M^rs les Ingénieurs — par Toussaint, graveur du chemin de fer.

Metz, 1850. — Echelle 1: 80000. — Petit Atlas renfermant la carte divisée en 4 feuilles.

1055. Chemin de fer de l'Est — Cartes Plans et Profils (18 pièces ou feuilles).

1056. Chemin de fer de Metz à Frouard et à Sarre-bruck — Plan général des abords de la station de Metz. Polygone de l'Ecole régimentaire du Génie — Projet des Ingénieurs militaires vu pour être annexé au procès-verbal de la 2e conférence ouverte le 15 Mai 1848. . . par MM. Le Mercier, ingénieur des ponts et chaussées, — Gury, chef de bataillon du génie. — présenté par l'Ingénieur en chef de la compagnie Thirion, — et signé pour copie conforme par l'ingénieur *Nordlinger*.

Metz, Lith. Toussaint. Echelle 1: 5000.

1056bis. Plans topographiques (mss. et impr.) de diverses parties du département.

G^d. Atlas in folio (recueil factice.)

Cartes géologiques.

1057. Carte géologique du dép. de la Moselle par Reverchon, Ingénieur en chef des mines.

Paris, lith. à l'Imp. impériale, 1866. 3 feuilles collées sur toile.

1058. Carte géologique du pays Messin, tracée sur la carte de France publiée par les Officiers d'Etat-major par E. Jacquot, ingénieur des mines.

Publiée par V. Dalmont. — Imprimerie Kæppelin à Paris. — Annales des Mines, 5e série Tome XI, Page 513.

1059. Carte géologique de la Moselle dressée par M. Steff dessinateur à l'Ecole d'application de l'artillerie et du génie sous la direction de M. le colonel du génie Goulier.

Nancy, Lorette éditeur.

1060. Carte relative aux recherches du prolongement du bassin de la Sarre par E. Jacquot, Ingénieur des mines.

Annales des mines, 5e série, Tome XI, page 107 et suivantes Lemaître, sc.

1061, Carte topographique d'une partie des arrondissements de Briey et de Thionville sur laquelle sont figurés les gîtes de minerais de fer qui y sont exploités ou reconnus, (par E. Jacquot, Ingénieur des mines.)

Paris, Lith. Kæppelin, — Annales des mines, 4e série, T. XVI. page 427.

1062. Carte minière et métallurgique du département de la Moselle, — comparative entre les Années 1859 et 1865 — Dressée par M. Barré, Ingénieur des mines.

Echelle de 1 à 160 000 — L. Etienne G. mines del, 1867.

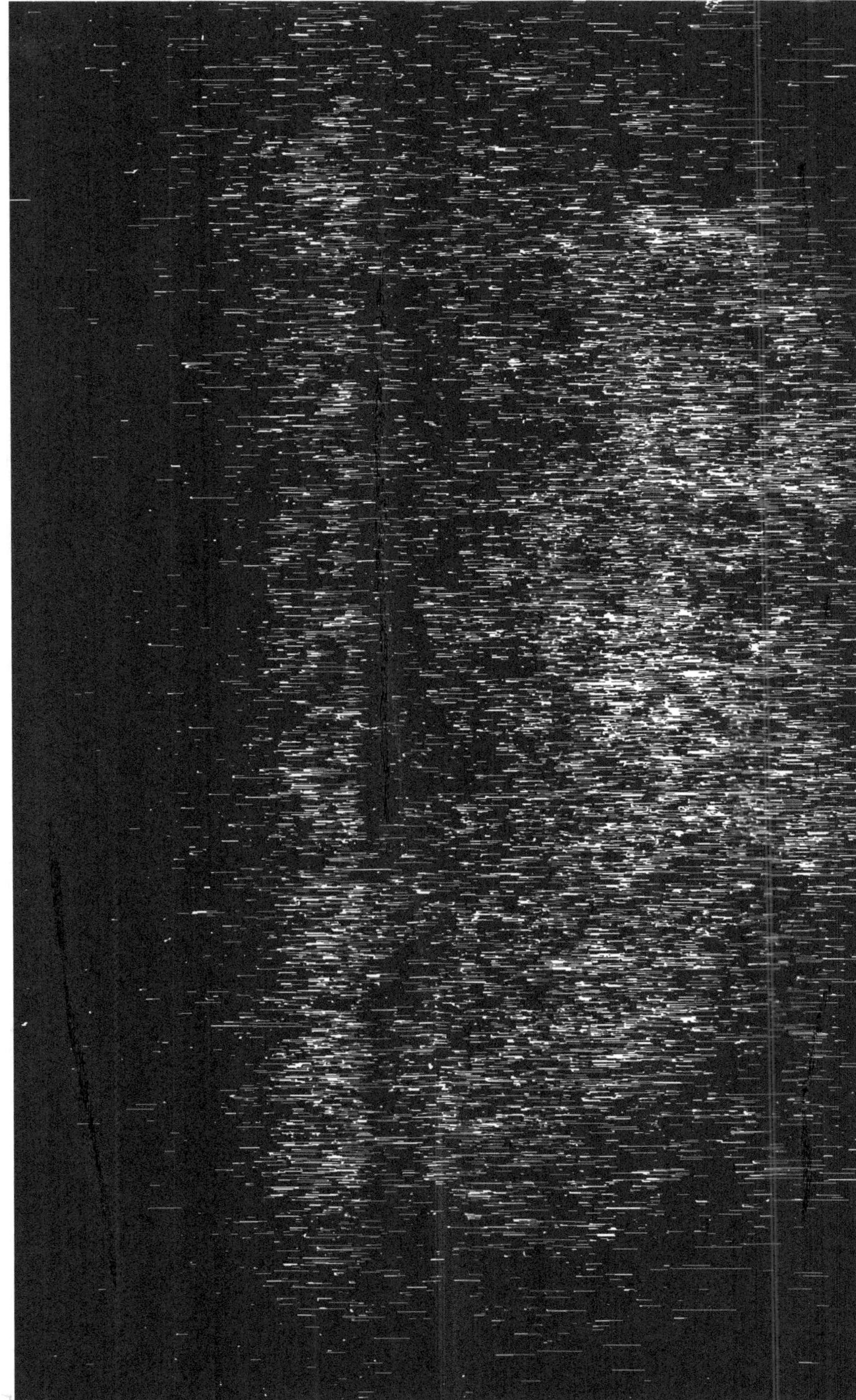

www.ingramcontent.com/pod-product-compliance
Lightning Source LLC
Chambersburg PA
CBHW061330050726
47595CB00005B/1863